Impressum
Verlag: BABADADA GmbH, Nedderfeld 112 , 22529 Hamburg
Geschäftsführer / Verlagsleitung: Harald Hof
Druck: Books on Demand GmbH, In de Tarpen 42, 22848 Norderstedt

Imprint
Publisher: BABADADA GmbH, Nedderfeld 112 , 22529 Hamburg, Germany
Managing Director / Publishing direction: Harald Hof
Print: Books on Demand GmbH, In de Tarpen 42, 22848 Norderstedt

école

학교

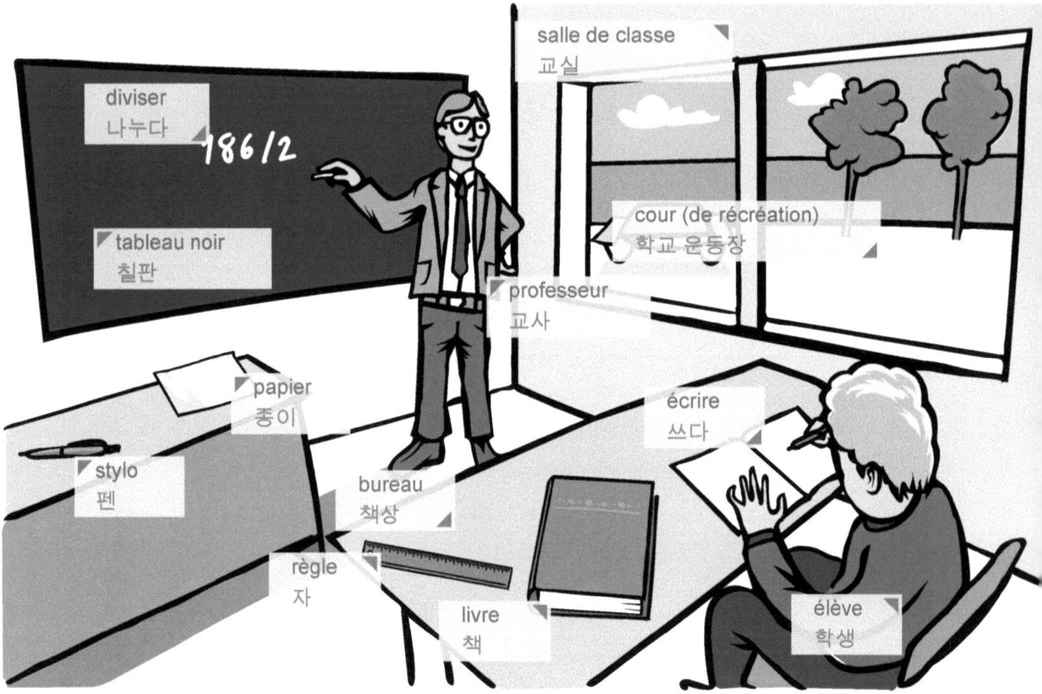
salle de classe
교실
diviser
나누다
186/2
tableau noir
칠판
cour (de récréation)
학교 운동장
professeur
교사
papier
종이
écrire
쓰다
stylo
펜
bureau
책상
règle
자
livre
책
élève
학생

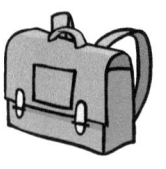

cartable

책가방

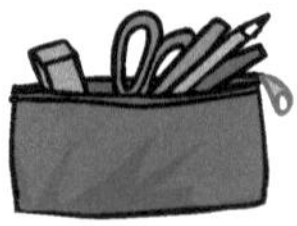

trousse

필통

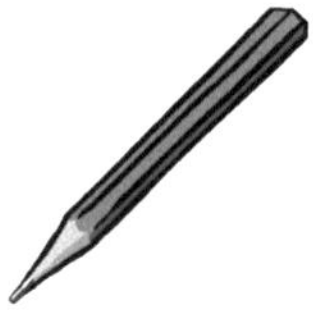

crayon

연필

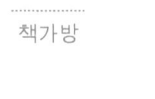

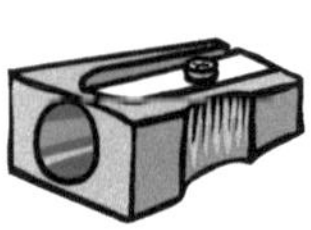

taille-crayon

연필깎이

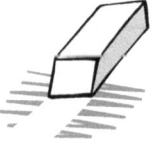

gomme

지우개

carnet à dessin

스케치북

dessin

그림

pinceau

붓

boîte de peinture

그림물감 통

ciseaux

가위

colle

풀

cahier d'exercices

연습장

devoirs

숙제

chiffre

숫자

additionner

더하다

soustraire

빼다

multiplier

곱하다

calculer

계산하다

lettre

글자

alphabet

알파벳

mot

낱말

texte

텍스트

lire

읽다

craie

분필

leçon

수업시간

livre de classe

출석부

examen

시험

certificat

증명서

uniforme scolaire

교복

formation

교육

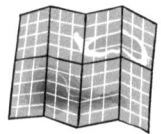

lexique

백과사전

université

대학교

microscope

현미경

carte

지도

corbeille à papier

휴지통

voyage
여행

hôtel
호텔
Grand
auberge
호스텔
ROOMS
bureau de change
환전소
EXCHANGE
valise
여행가방
voiture
자동차

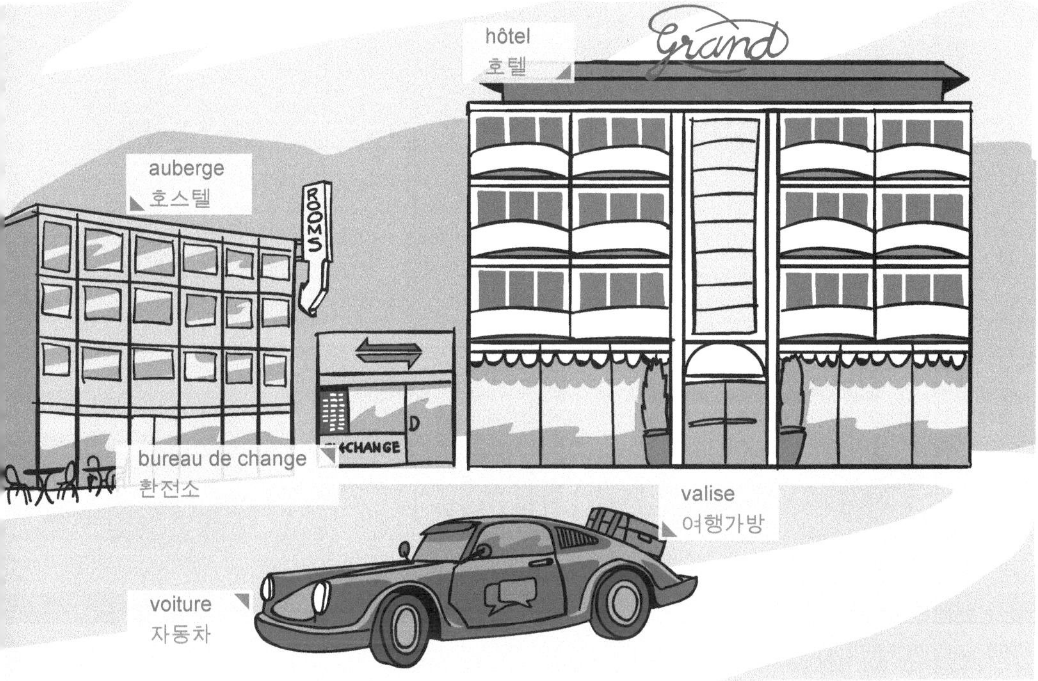

langue

언어

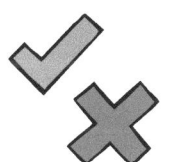

oui / non

예 / 아니오

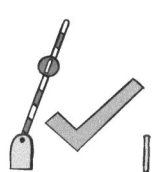

d'accord

좋아

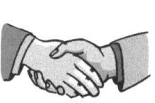

Salut

안녕

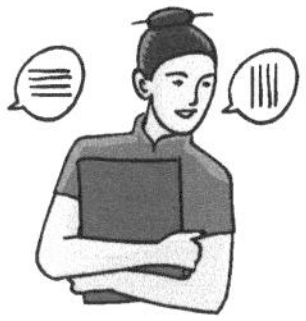

interprète

번역가

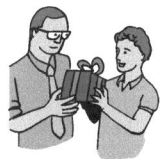

merci

고마워, 고마워요

Combien coûte...?

... 얼마입니까?

Je ne comprends pas

나는 이해하지 못합니다

problème

문제

Bonsoir !

안녕하세요!

Bonjour !

안녕하세요!

Bonne nuit !

잘자요!

Au revoir

또 만나요

direction

방향

bagages

수하물

sac

가방

sac-à-dos

배낭

hôte

손님

pièce

방

sac de couchage

침낭

tente

텐트

office de tourisme

여행 안내

plage

해변

carte de crédit

신용카드

petit-déjeuner

아침식사

déjeuner

점심식사

dîner

저녁식사

billet

승차권

ascenseur

승강기

timbre

우표

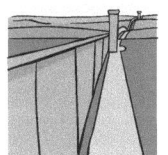

frontière

경계

douane

세관

ambassade

대사관

visa

비자

passeport

여권

voyage - 여행

transport
운반

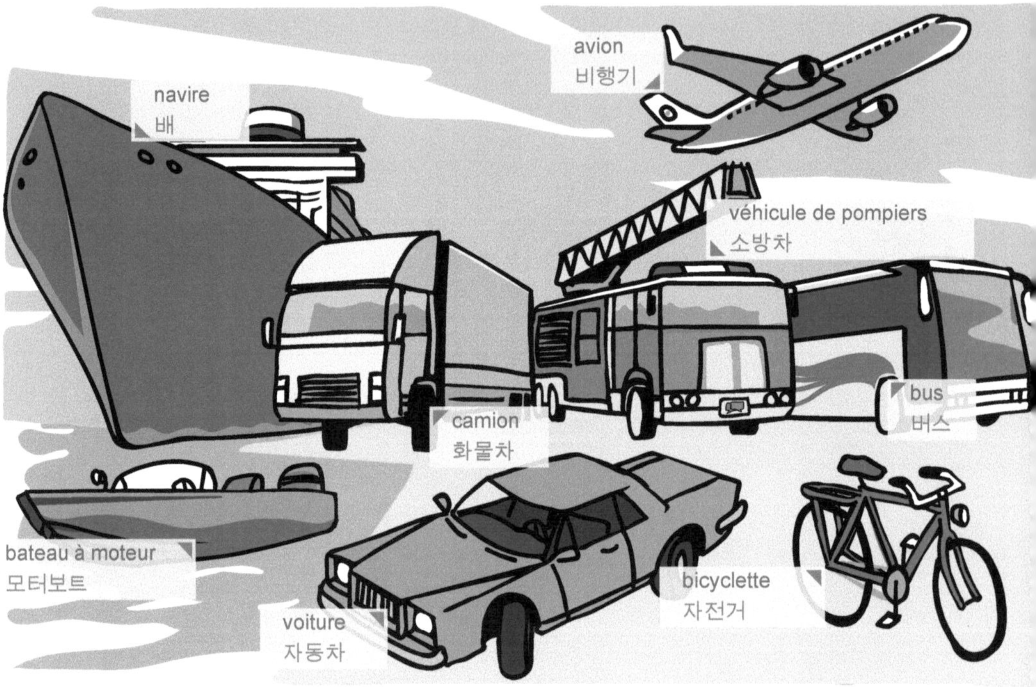

avion
비행기
navire
배
véhicule de pompiers
소방차
bus
버스
camion
화물차
bateau à moteur
모터보트
bicyclette
자전거
voiture
자동차

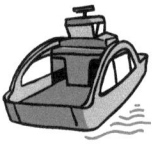

ferry

페리

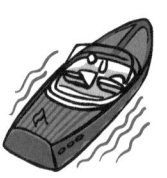

barque

보트

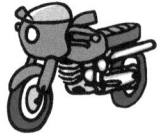

moto

오토바이

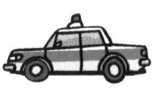

voiture de police

경찰차

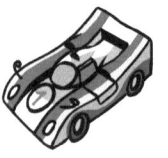

voiture de course

경주차

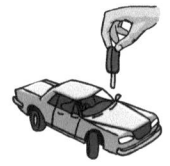

voiture de location

렌트카

auto-partage

카셰어링

voiture de remorquage

견인차

benne à ordures

쓰레기차

moteur

모터

essence

연료

station d'essence

주유소

panneau indicateur

교통 표지

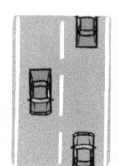

trafic

교통

embouteillage

교통 정체

parking

주차장

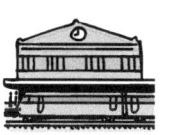

gare

기차역

rails

트랙터

train

기차

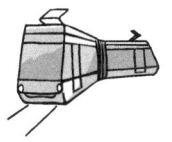

tramway

전차

wagon

객차

hélicoptère

헬리콥터

aéroport

공항

tour

타워

passager

승객

conteneur

컨테이너

carton

상자

chariot

카트

corbeille

바구니

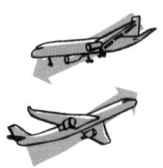

décoller / atterrir

출발하다 / 도착하다

ville

도시

village

마을

centre-ville

도심

maison

집

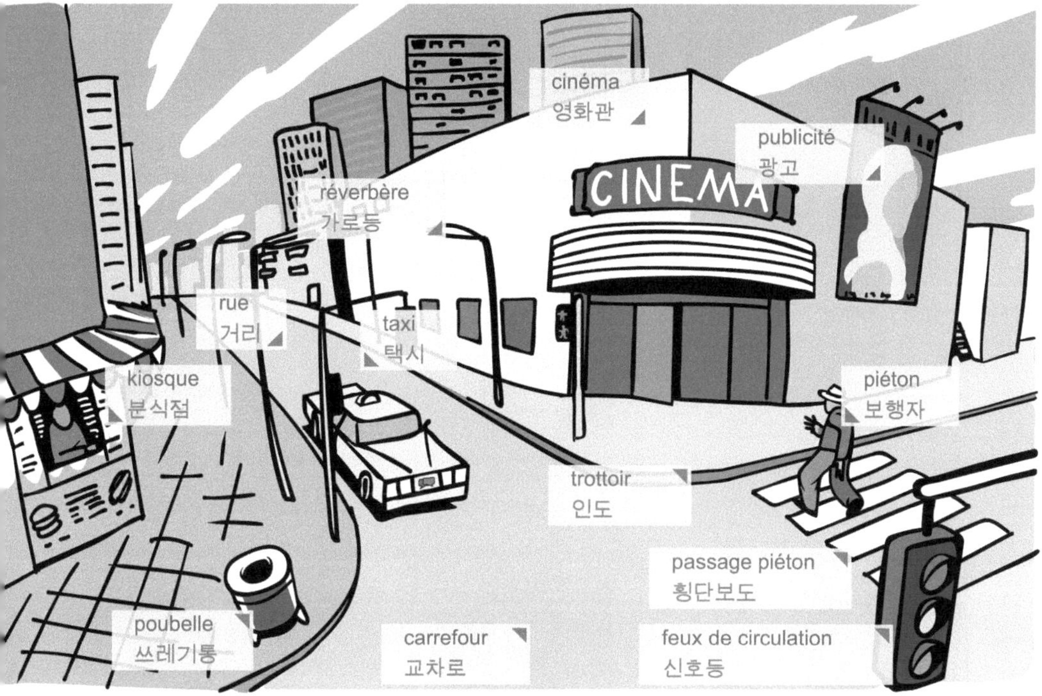

cinéma
영화관
publicité
광고
CINEMA
réverbère
가로등
rue
거리
taxi
택시
kiosque
분식점
piéton
보행자
trottoir
인도
passage piéton
횡단보도
poubelle
쓰레기통
carrefour
교차로
feux de circulation
신호등

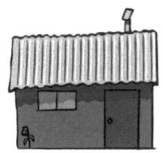

cabane

오두막

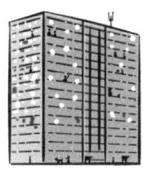

appartement

주택

gare

기차역

mairie

시청

MUSEUM

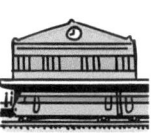

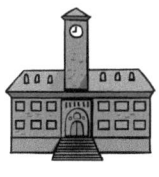

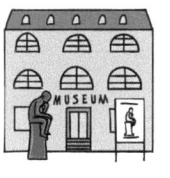

musée

박물관

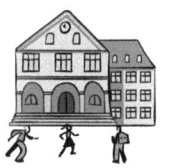

école

학교

université

대학교

banque

은행

hôpital

병원

hôtel

호텔

pharmacie

약국

bureau

사무실

librairie

서점

magasin

상점

fleuriste

꽃가게

supermarché

수퍼마켓

marché

시장

grand magasin

백화점

poissonnerie

생선가게

centre commercial

쇼핑 센터

port

항구

ville - 도시

parc

공원

banque

벤치

pont

다리

escaliers

계단

métro

지하철

tunnel

터널

arrêt de bus

버스 정류장

bar

바

restaurant

레스토랑

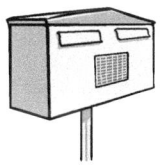

boîte à lettres

우체통

panneau indicateur

도로 표지판

parcmètre

주차료 징수기

zoo

동물원

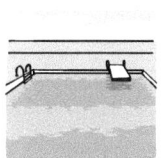

piscine

수영장

mosquée

모스크 사원

ferme

농장

pollution

환경오염

cimetière

공동묘지

église

교회

aire de jeux

놀이터

temple

절

paysage
풍경

feuille
잎

panneau indicateur
이정표

chemin
길

pré
초원

pierre
돌

arbre
나무

randonneur
도보여행자

rivière
강

herbe
잔디

fleur
꽃

vallée

계곡

montagne

산

lac

호수

forêt

숲

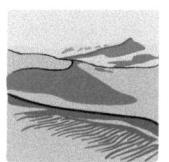

désert

사막

volcan

화산

château

성

arc-en-ciel

무지개

champignon

버섯

palmier

야자나무

moustique

모기

mouche

파리

fourmis

개미

abeille

벌

araignée

거미

coléoptère

딱정벌레

grenouille

개구리

écureuil

다람쥐

hérisson

고슴도치

lièvre

토끼

chouette

부엉이

oiseau

새

cygne

백조

sanglier

맷돼지

cerf

사슴

élan

순록

barrage

댐

éolienne

풍력 터빈

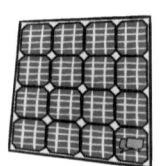

panneau solaire

태양광 전지판

climat

기후

restaurant
레스토랑

serveur
웨이터
menu
메뉴
chaise
의자
soupe
수프
pizza
피자
couverts
수저
nappe
테이블보

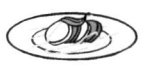

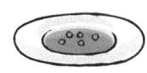

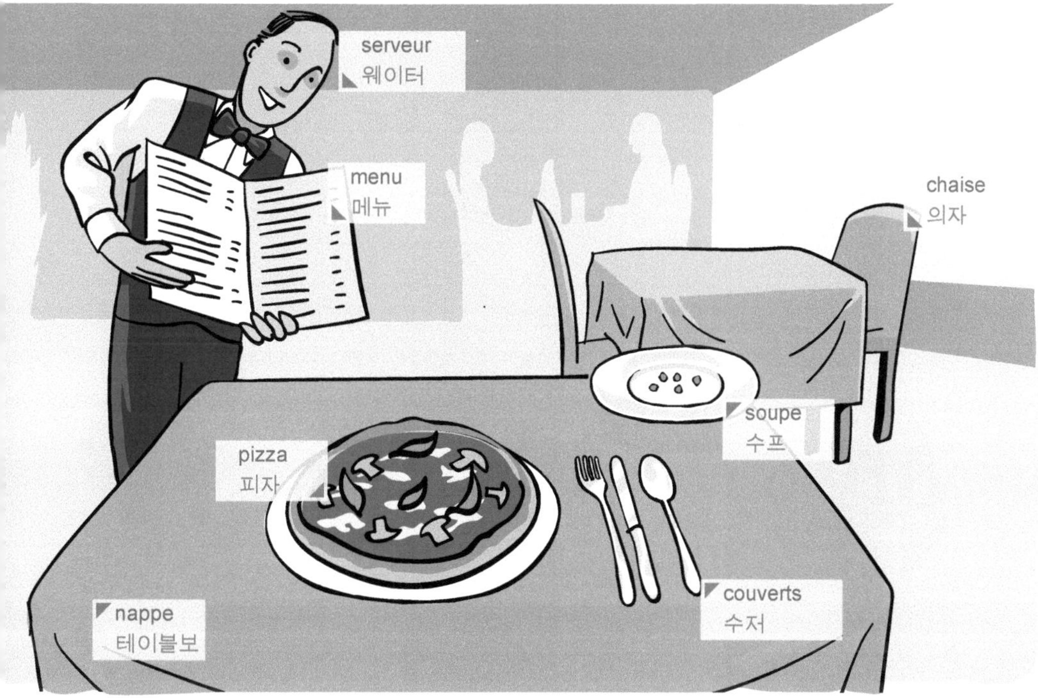

hors d'œuvre
전채요리

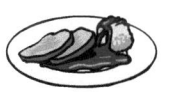

plat principal
주요리

dessert
후식

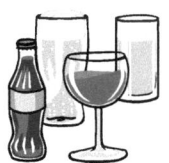

boissons
음료수

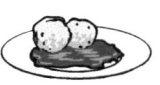

alimentation
음식

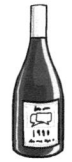

bouteille
병

fast-food

인스턴트 식품

plats à emporter

길거리음식

théière

찻주전자

sucrier

설탕통

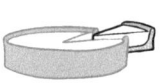

portion

인분

machine à expresso

에스프레소 머신

chaise haute

높은 의자

facture

계산서

plateau

쟁반

couteau

칼

fourchette

포크

cuillère

숟가락

cuillère à thé

찻숟가락

serviette

냅킨

verre

유리잔

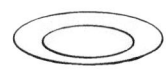

assiette

접시

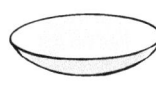

assiette à soupe

수프 그릇

soucoupe

컵 받침

sauce

소스

salière

소금통

moulin à poivre

후추통

vinaigre

식초

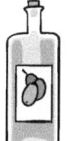

huile

기름

épices

양념

ketchup

케첩

moutarde

겨자

mayonnaise

마요네즈

supermarché
수퍼마켓

offre promotionnelle
특가 판매

client
고객

produits laitiers
유제품

fruits
과일

chariot
트롤리

FOR

boucherie

정육점

boulangerie

빵집

peser

무게가 나가다

légumes

채소

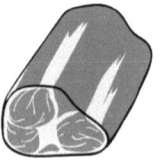

viande

고기

aliments surgelés

냉동식품

20

supermarché - 수퍼마켓

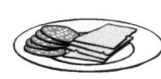

charcuterie

냉육

conserves

통조림

poudre à lessive

가루 세제

bonbons

달콤한 간식

articles ménagers

가정용품

détergents

세척제

vendeuse

판매원

caisse

계산대

caissier

계산원

liste d'achats

구매목록

heures d'ouverture

문 여는 시간

portefeuille

지갑

carte de crédit

신용카드

sac

가방

sac en plastique

비닐 봉투

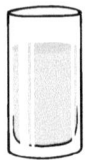

eau

물

jus de fruit

주스

lait

우유

coca

콜라

vin

와인

bière

맥주

alcool

술

chocolat chaud

카카오

thé

차고

café

커피

expresso

에스프레소

cappuccino

카푸치노

banane

바나나

pomme

사과

orange

오렌지

melon

수박

citron

레몬

carotte

당근

ail

마늘

bambou

대나무

oignon

양파

champignon

버섯

noisettes

견과류

pâtes

국수

spaghetti

스파게티

riz

쌀

salade

샐러드

pommes frites

감자칩

pommes de terre rôties

감자튀김

pizza

피자

hamburger

햄버거

sandwich

샌드위치

escalope

커틀렛

jambon

햄

salami

살라미

saucisse

소시지

poulet

닭

rôti

구이

poisson

생선

flocons d'avoine

오트밀

muesli

뮤슬리

cornflakes

콘플레이크

farine

밀가루

croissant

크루아상

petits-pains

롤빵

pain

빵

pain grillé

토스트

biscuits

비스킷

beurre

버터

le fromage blanc

응유

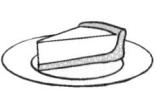

gâteau

케이크

œuf

달걀

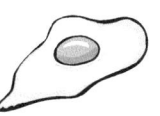

œuf au plat

계란 후라이

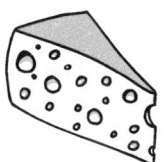

fromage

치즈

glace

아이스크림

sucre

설탕

miel

꿀

confiture

잼

crème nougat

누가 크림

curry

카레

ferme
농장

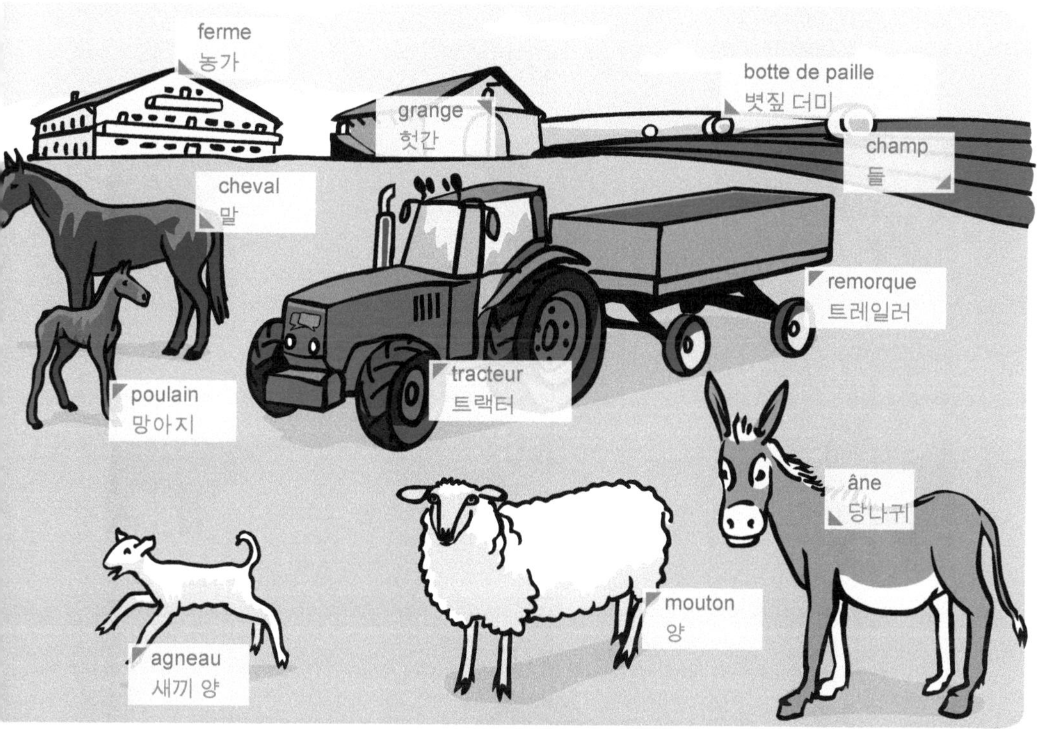

ferme
농가
grange
헛간
botte de paille
볏짚 더미
champ
들
cheval
말
remorque
트레일러
poulain
망아지
tracteur
트랙터
âne
당나귀
mouton
양
agneau
새끼 양

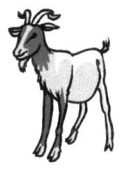

chèvre

염소

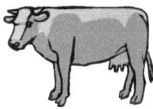

vache

암소

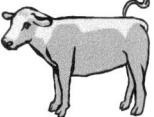

veau

송아지

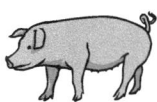

porc

돼지

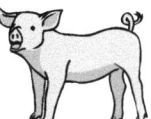

porcelet

새끼 돼지

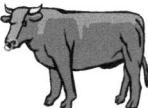

taureau

황소

oie

거위

canard

오리

poussin

병아리

poule

암탉

coq

수탉

rat

쥐

chat

고양이

souris

생쥐

bœuf

황소

chien

개

chenil

개집

tuyau de jardin

정원용 호스

arrosoir

물뿌리개

faucheuse

큰 낫

charrue

쟁기

faucille

낫

pioche

괭이

fourche

쇠스랑

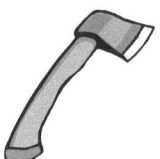

hache

도끼

brouette

외바퀴 손수레

cuve

여물통

pot à lait

우유 캔

sac

부대

clôture

울타리

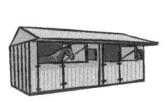

étable

축사

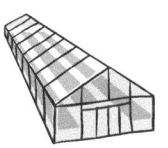

serre

비닐하우스

sol

땅

semences

씨앗

engrais

거름

moissonneuse-batteuse

콤바인

ferme - 농장

récolter

수확하다

récolte

수확

igname

참마

blé

밀

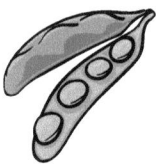

soja

콩

pomme de terre

감자

maïs

옥수수

colza

유채씨

arbre fruitier

과일나무

manioc

카사바

céréales

곡식

maison

집

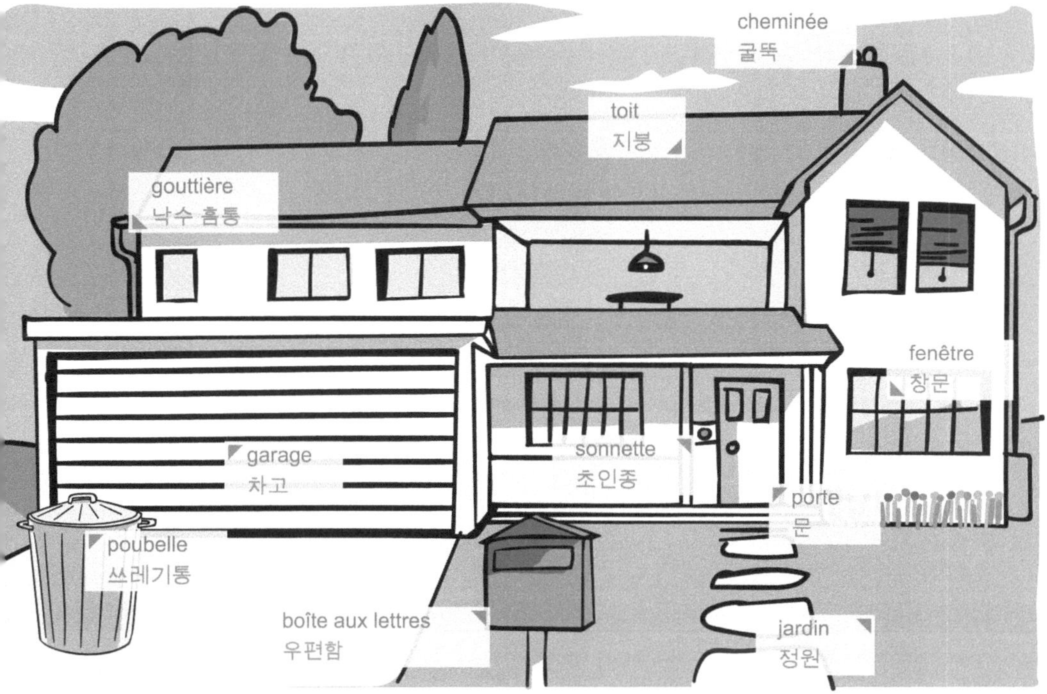

cheminée
굴뚝
toit
지붕
gouttière
낙수 홈통
fenêtre
창문
garage
차고
sonnette
초인종
porte
문
poubelle
쓰레기통
boîte aux lettres
우편함
jardin
정원

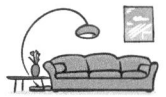

salon

응접실

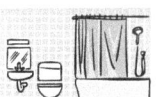

salle de bain

욕실

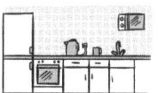

cuisine

부엌

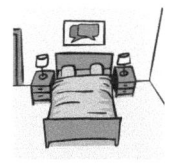

chambre à coucher

침실

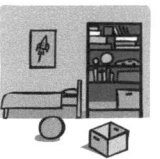

chambre d'enfant

아이들 방

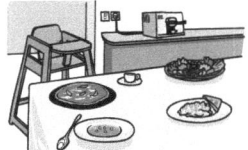

salle à manger

식사실

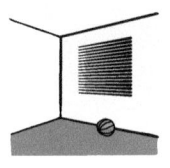

sol
바닥

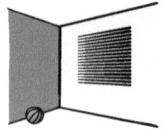

mur
벽

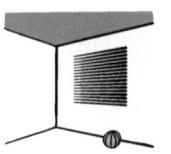

plafond
천장

cave
지하실

sauna
사우나

balcon
발코니

terrasse
테라스

piscine
수영장

tondeuse à gazon
잔디 깎는 기계

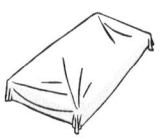

housse
침대 시트

couette
이불

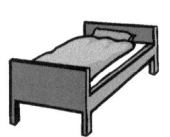

lit
침대

balai
빗자루

sceau
양동이

interrupteur
스위치

salon
응접실

papier peint
벽지
image
그림
lampe
전등
étagère
선반
armoire
캐비닛
télé
텔레비
전
cheminée
벽난로
fleur
꽃
coussin
쿠션
sofa
소파
vase
꽃병
télécommande
리모컨

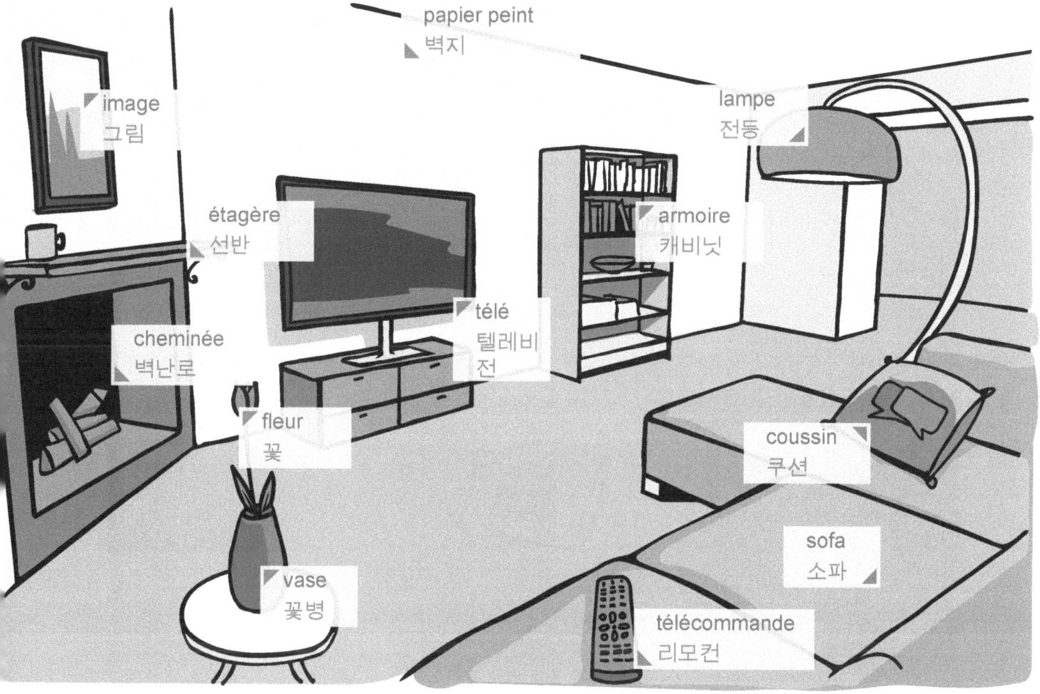

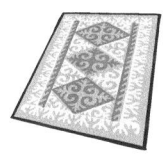

tapis

카페트

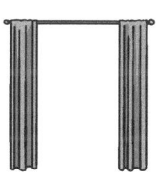

rideau

커튼

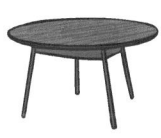

table

탁자

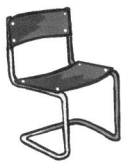

chaise

의자

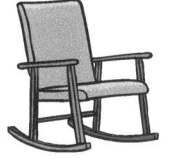

chaise à bascule

흔들의자

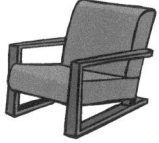

fauteuil

안락의자

livre

책

couverture

담요

décoration

장식

bois de chauffage

뗄감나무

film

영화

chaîne hi-fi

하이파이 기기

clé

열쇠

journal

신문

peinture

회화

poster

포스터

radio

라디오

bloc-notes

노트

aspirateur

진공청소기

cactus

선인장

bougie

초

cuisine
부엌

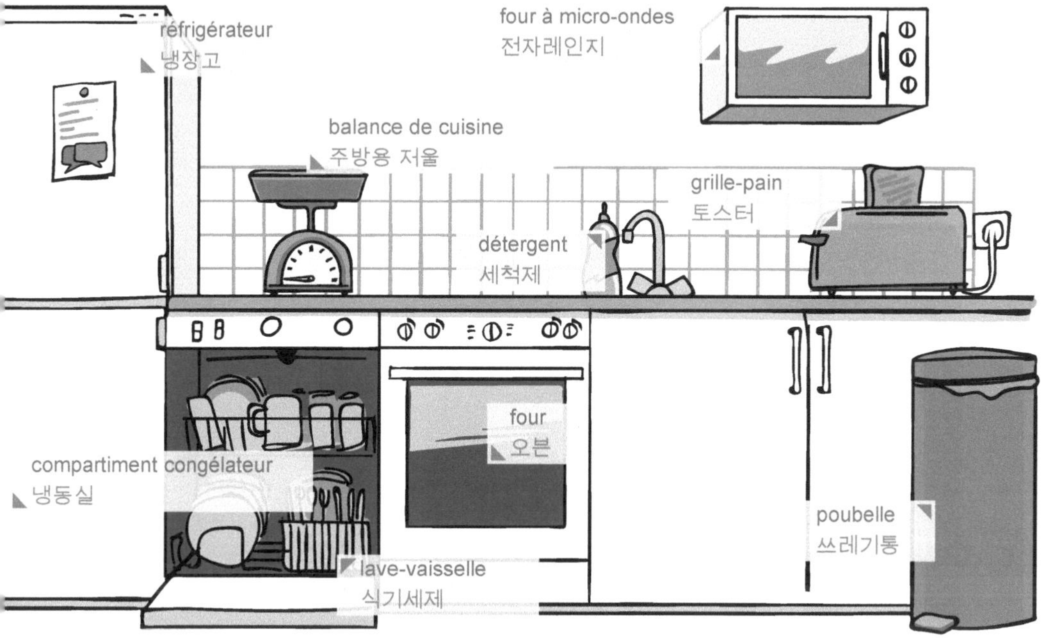

réfrigérateur
냉장고
four à micro-ondes
전자레인지
balance de cuisine
주방용 저울
grille-pain
토스터
détergent
세척제
four
오븐
compartiment congélateur
냉동실
poubelle
쓰레기통
lave-vaisselle
식기세제

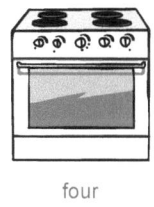

four

쿠커

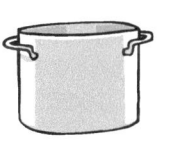

casserole

냄비

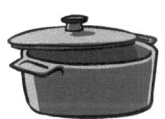

marmite

주철 냄비

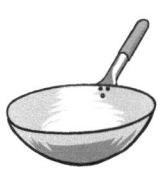

wok / kadai

웍 / 카다이 냄비

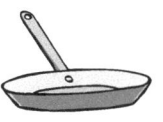

poêle

프라이팬

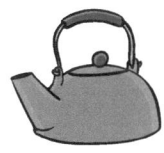

bouilloire electrique

주전자

cuiseur vapeur

찜기

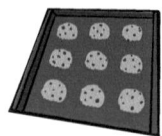

plaque de cuisson

오븐 구이용 쟁반

vaisselle

그릇

gobelet

머그

coupe

양푼이

baguettes

젓가락

louche

국자

spatule

주걱

fouet

거품기

passoire

여과기

tamis

체

râpe

강판

mortier

절구

barbecue

바베큐

cheminée

화덕

planche à découper

도마

rouleau à pâtisserie

밀방망이

tire-bouchon

코르크 병따개

boîte

캔

ouvre-boîte

캔 따개

maniques

냄비 받침

lavabo

개수대

brosse

솔

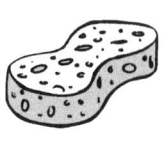

éponge

수세미

mixeur

블렌더

congélateur

냉동고

biberon

젖병

robinet

수도꼭지

salle de bain

욕실

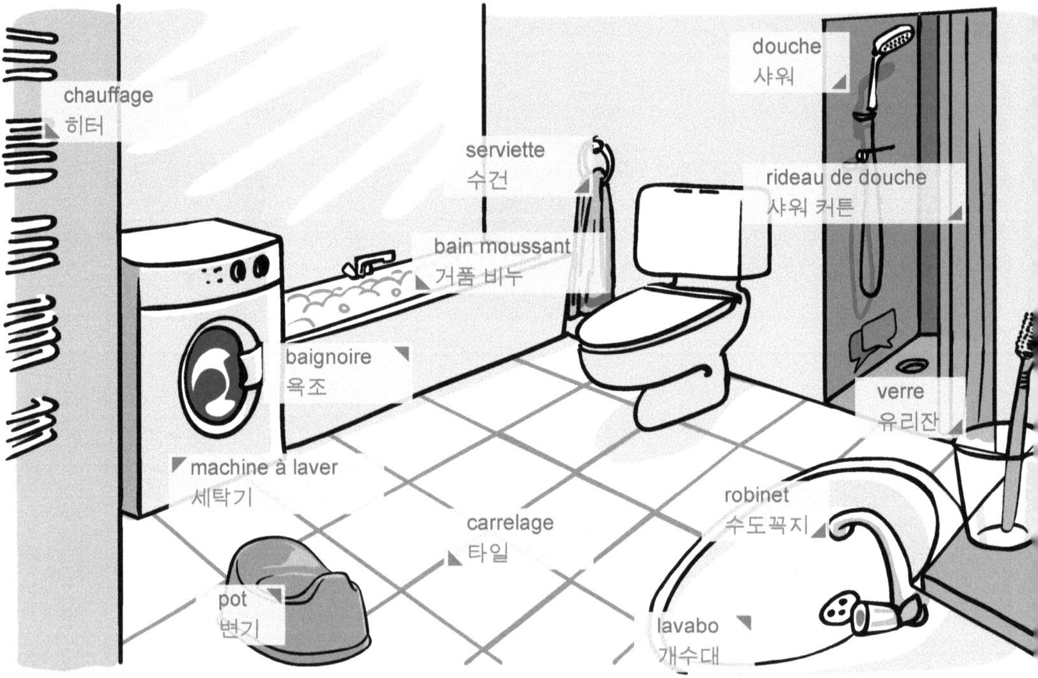

chauffage
히터
douche
샤워
serviette
수건
rideau de douche
샤워 커튼
bain moussant
거품 비누
baignoire
욕조
verre
유리잔
machine à laver
세탁기
robinet
수도꼭지
carrelage
타일
pot
변기
lavabo
개수대

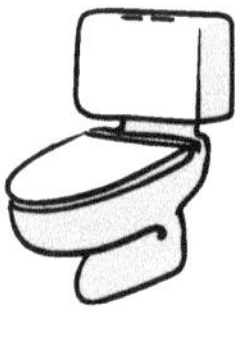

toilettes
화장실

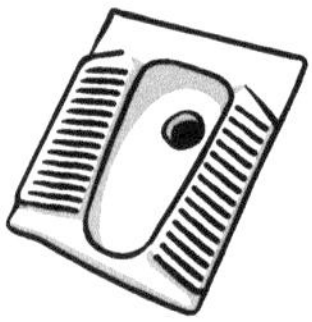

toilette à la turque
재래식 화장실

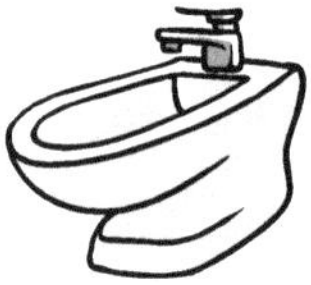

bidet
비데

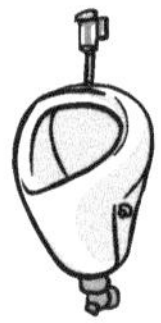

urinoir
공중 변소

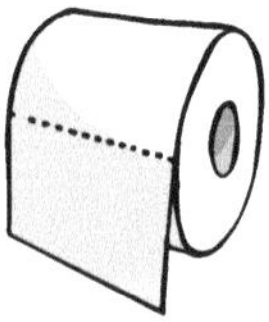

papier toilette
화장지

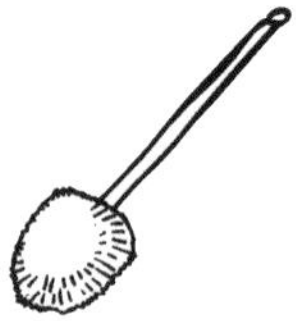

brosse à toilette
변기솔

brosse à dents
치솔

dentifrice
치약

fil dentaire
치실

laver
씻다

douche manuelle
샤워기

douche intime
질 세척제

vasque
대야

brosse dorsale
등밀이솔

savon
비누

gel douche
샤워 젤

shampooing
샴푸

gant de toilette
물걸레

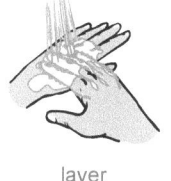

écoulement
배수관

crème
크림

déodorant
체취 제거제

miroir

거울

miroir cosmétique

휴대용 거울

rasoir

면도기

mousse à raser

면도 거품

après-rasage

에프터쉐이브

peigne

빗

brosse

솔

sèche-cheveux

헤어드라이기

laque pour cheveux

헤어스프레이

fond de teint

메이크업

rouge à lèvres

립스틱

vernis à ongles

손톱깎이

ouate

면 솜

coupe-ongles

손톱

parfum

향수

trousse de toilette

세면도구 주머니

tabouret

스툴

pèse-personne

저울

peignoir

목욕 가운

gants de nettoyage

고무 장갑

tampon

탐폰

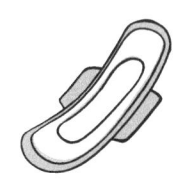

serviettes hygiéniques

생리대

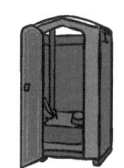

toilette chimique

화학 화장실

chambre d'enfant
아이들 방

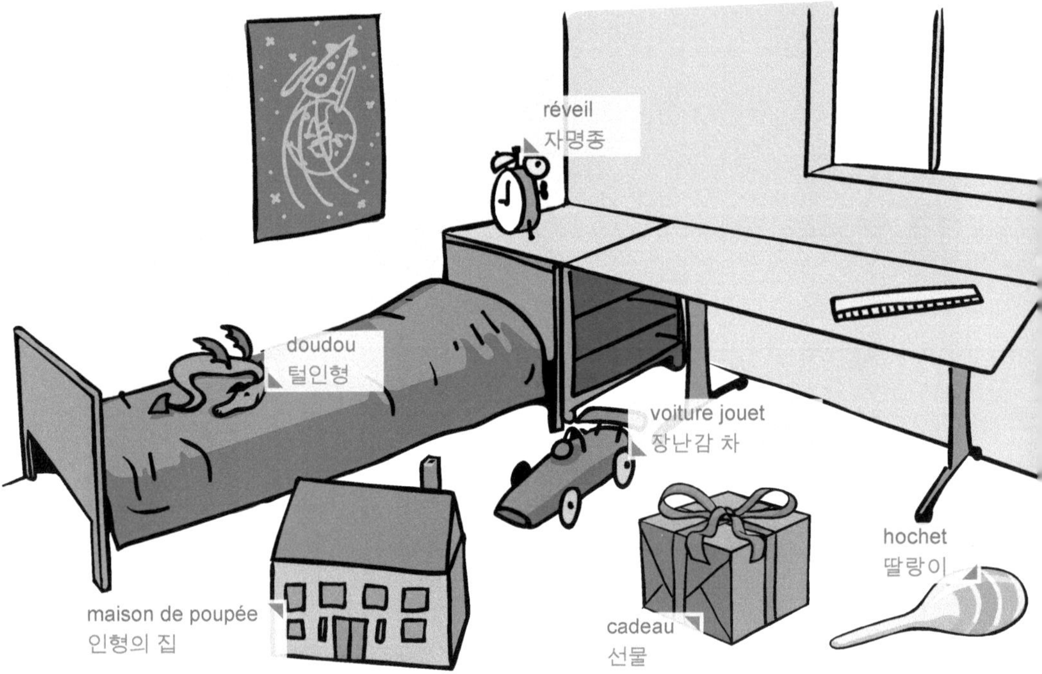
réveil
자명종
doudou
털인형
voiture jouet
장난감 차
hochet
딸랑이
maison de poupée
인형의 집
cadeau
선물

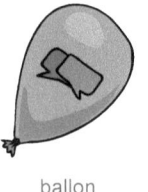

ballon

풍선

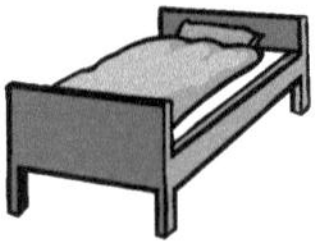

lit

침대

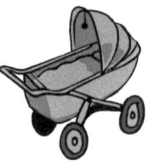

poussette

유모차

jeu de cartes

카드 게임

puzzle

퍼즐

SUPER
MEGA

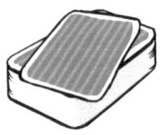

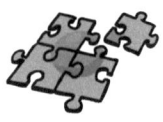

bande dessinée

만화

pièces lego

레고

blocs de construction

장난감 블럭

figurine

액션 캐릭터

grenouillère

베이비 그로

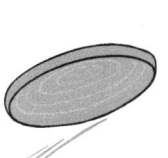

frisbee

프리스비

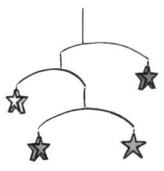

mobile

모빌

jeu de société

보드 게임

dé

주사위

train miniature

기차 모형 세트

sucette

노리개 젖꼭지

fête

파티

livre d'images

그림책

balle

공

poupée

인형

jouer

놀다

bac à sable
모래상자

balançoire
그네

jouets
장난감

console de jeu
비디오 게임 콘솔

tricycle
세바퀴자전거

ours en peluche
곰인형

armoire
옷장

vêtements
의복

chaussettes
양말

bas
스타킹

collant
스타킹

écharpe
스카프

ceinture
허리띠

parapluie
우산

t-shirt
티셔츠

baskets
운동화

bottes
부츠

pantoufles
슬리퍼

sandales
샌들

chaussures
신발

bottes de caoutchouc
고무 장화

sous-vêtements
팬티

soutien-gorge
브래지어

maillot de corps
러닝 셔츠

body

바디

pantalon

바지

jean

청바지

jupe

치마

chemisier

블라우스

chemise

셔츠

pull

폴오버

sweat à capuche

후드티

veste

블레이저

veste

자켓

manteau

외투

imperméable

비옷

costume

의상

robe

원피스

robe de mariée

웨딩 드레스

costume

양복

chemise de nuit

나이트가운

pyjama

잠옷

sari

사리

foulard

두건

turban

터번

burqa

부르카

caftan

카프탄

abaya

아바야

maillot de bain

수영복

maillot de bain

수영바지

short

반바지

tenue d'entraînement

트레이닝복

tablier

앞치마

gants

장갑

bouton

단추

lunettes

안경

bracelet

팔찌

collier

목걸이

bague

반지

boucle d'oreille

귀걸이

bonnet

캡 모자

cintre

옷걸이

chapeau

모자

cravate

넥타이

fermeture éclair

지퍼

casque

헬멧

bretelles

멜빵

uniforme scolaire

교복

uniforme

유니폼

bavoir

턱받이

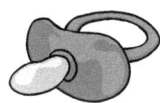

sucette

노리개 젖꼭지

lange

기저귀

bureau
사무실

serveur
서버

armoire d'archivage
서류 캐비닛

imprimante
인쇄기

écran
모니터

papier
종이

bureau
책상

souris
마우스

classeur
폴더

clavier
자판기

chaise
의자

corbeille à papier
휴지통

ordinateur
컴퓨터

tasse de café

커피잔

calculatrice

계산기

internet

인터넷

ordinateur portable

노트북

lettre

편지

message

메시지

portable

휴대전화

réseau

네트워크

photocopieuse

복사기

logiciel

소프트웨어

téléphone

전화

prise

플러그 소켓

fax

팩시밀리

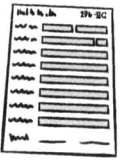

formulaire

서식

document

서류

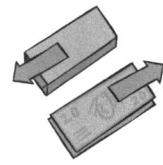

acheter

사다

payer

지불하다

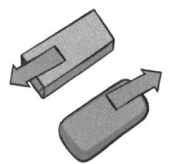

faire du commerce

거래하다

monnaie

돈

dollar

달러

euro

유로

yen

엔

rouble

루벨

franc suisse

스위스 프랑

renminbi yuan

위안

roupie

루피

distributeur automatique

현금인출기

bureau de change
환전소

or
금

argent
은

pétrole
석유

énergie
에너지

prix
가격

contrat
계약

taxe
세금

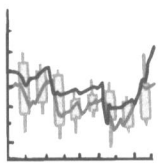

action
주식

travailler
일하다

employé
근로자

employeur
고용주

usine
공장

magasin
상점

professions
직업

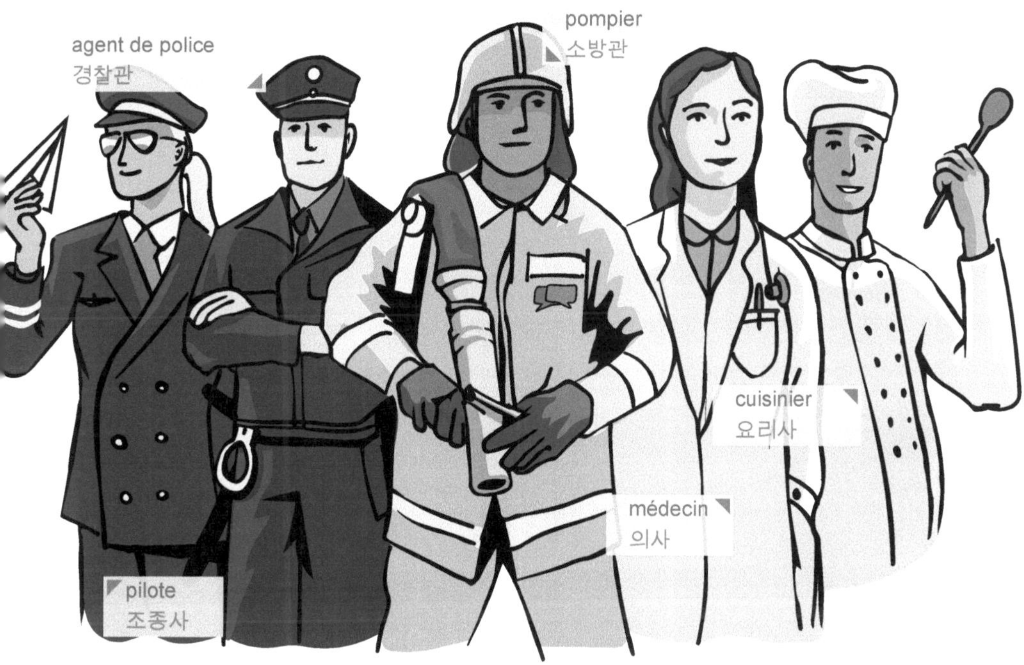
agent de police
경찰관
pompier
소방관
cuisinier
요리사
médecin
의사
pilote
조종사

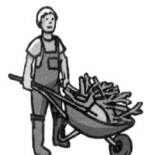

jardinier

정원사

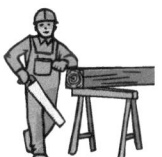

menuisier

목수

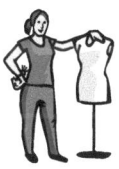

couturière

수선공

juge

판사

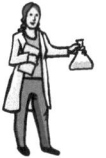

chimiste

화학자

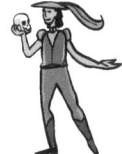

acteur

배우

conducteur de bus

버스운전사

chauffeur de taxi

택시 운전사

pêcheur

어부

femme de ménage

청소부

couvreur

지붕 수리자

serveur

웨이터

chasseur

사냥꾼

peintre

화가

boulanger

제빵사

électricien

전기업자

ouvrier

건축업자

ingénieur

엔지니어

boucher

정육점업자

plombier

배관업자

facteur

우편물 배달부

soldat

군인

architecte

건축가

caissier

계산원

fleuriste

플로리스트

coiffeur

미용사

contrôleur

검표원

mécanicien

정비사

capitaine

선장

dentiste

치과의사

scientifique

학자

rabbin

유대교 라비

imam

이맘

moine

수도승

prêtre

사제

outils
연장

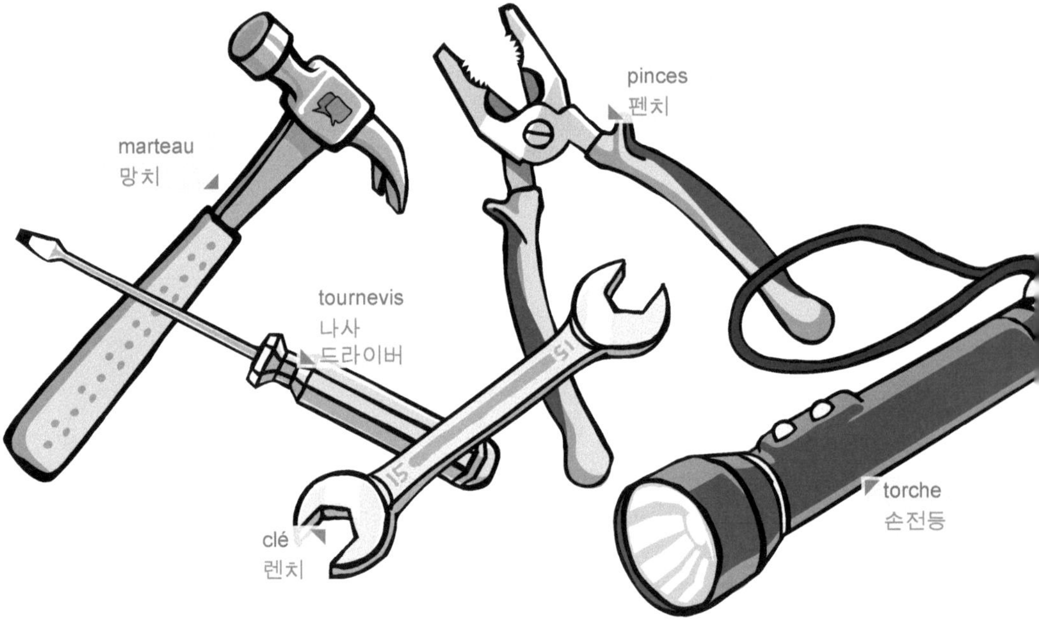

marteau
망치

pinces
펜치

tournevis
나사
드라이버

clé
렌치

torche
손전등

pelleteuse

굴삭기

boîte à outils

연장통

échelle

사다리

scie

톱

clous

못

perceuse

드릴

réparer
수리하다

pelle
삽

Mince !
젠장!

pelle
쓰레받기

pot de peinture
페인트통

vis
나사

instruments de musique
악기

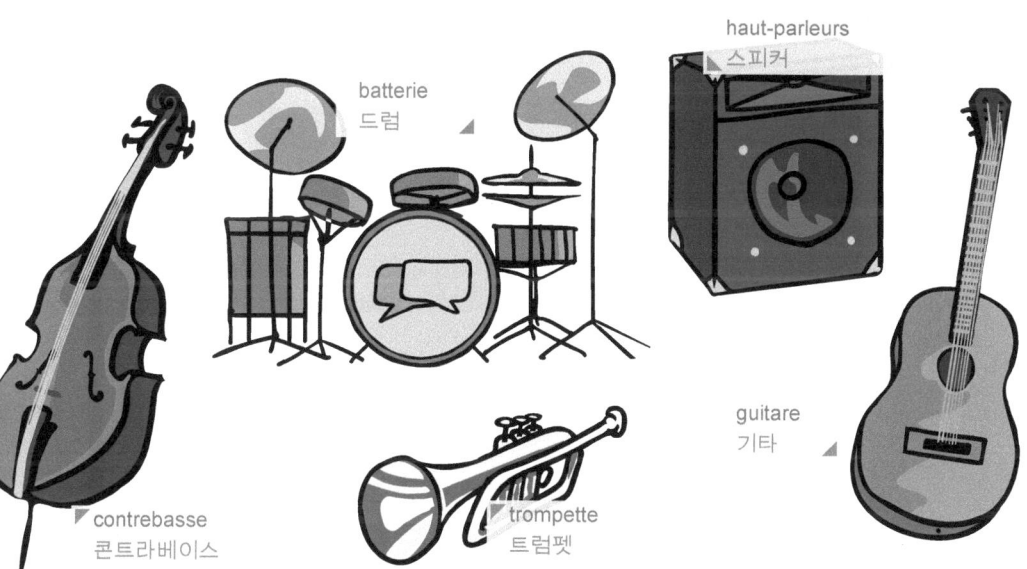

batterie
드럼

haut-parleurs
스피커

guitare
기타

contrebasse
콘트라베이스

trompette
트럼펫

piano

피아노

violon

바이올린

basse

베이스

timbales

팀파니

tambour

북

piano électrique

키보드

saxophone

색소폰

flûte

플루트

microphone

마이크

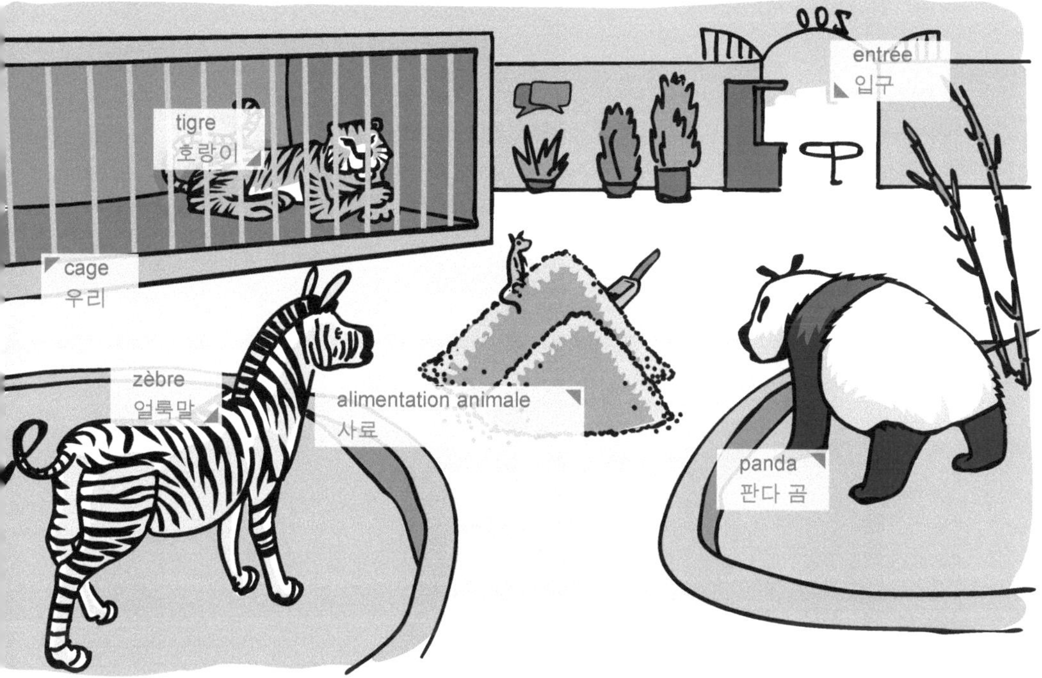
ZOO
entrée
입구
tigre
호랑이
cage
우리
zèbre
얼룩말
alimentation animale
사료
panda
판다 곰

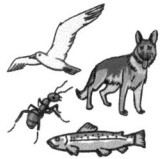

animaux
동물

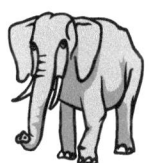

éléphant
코끼리

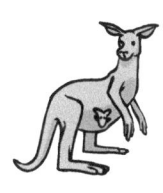

kangourou
캥거루

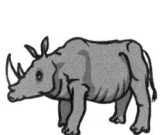

rhinocéros
코뿔소

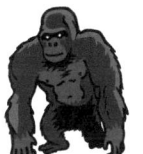

gorille
고릴라

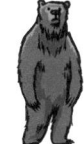

ours
곰

chameau

낙타

autruche

타조

lion

사자

singe

원숭이

flamand rose

홍학

perroquet

앵무새

ours polaire

북극곰

pingouin

펭귄

requin

상어

paon

공작

serpent

뱀

crocodile

악어

gardien de zoo

동물원 사육사

phoque

물개

jaguar

재규어

poney

조랑말

léopard

표범

hippopotame

하마

girafe

기린

aigle

독수리

sanglier

맷돼지

poisson

생선

tortue

거북이

morse

바다코끼리

renard

여우

gazelle

영양

american Football
미식축구

cyclisme
자전거 경기

tennis
테니스

basket-ball
농구

natation
수영

boxe
권투

hockey sur glace
아이스하키

football
축구

badminton
배드민턴

athlétisme
육상 경기

handball
핸드볼

ski
스키

polo
폴로

activités
활동

sauter
뛰어오르다
embrasser
포옹하다
rire
웃다
marcher
걷다
chanter
노래하다
rêver
꿈꾸다
prier
기도하다
faire la bise
입맞추다

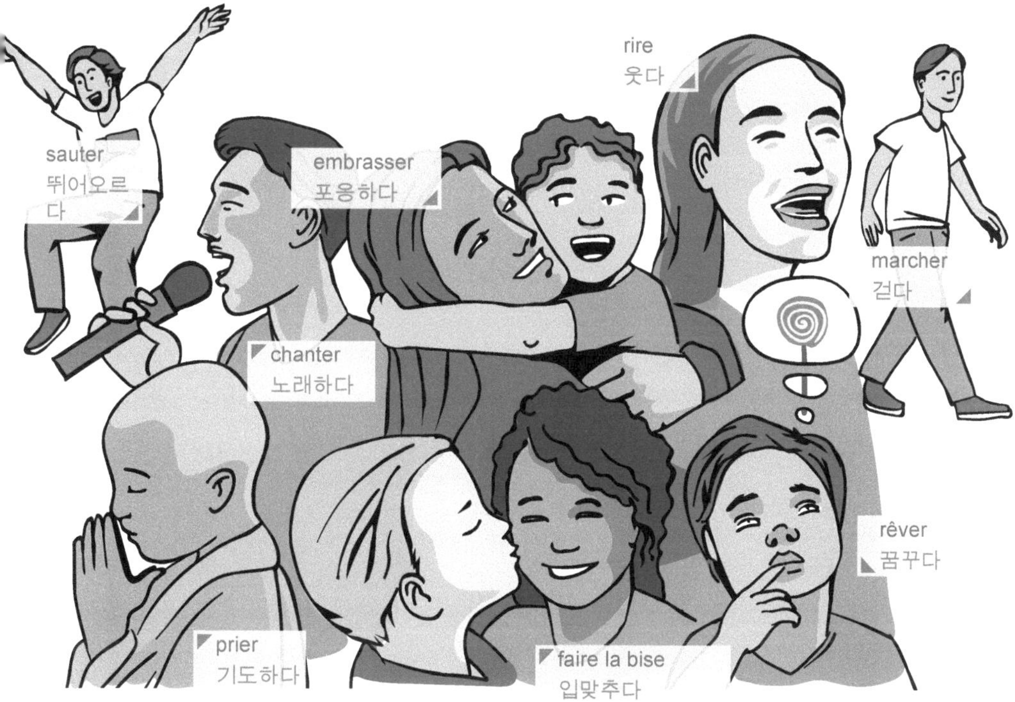

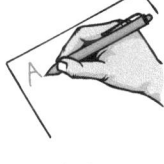

écrire

쓰다

dessiner

그리다

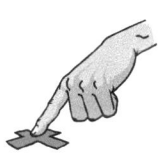

montrer

보여주다

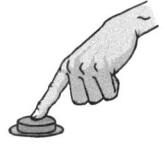

pousser

밀다

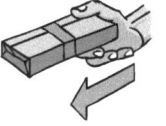

donner

주다

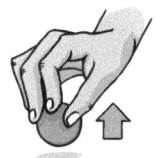

prendre

받다

avoir

가지다

faire

행하다

être

...이다

être debout

서있다

courir

뛰다

trier

당기다

jeter

던지다

tomber

떨어지다

être couché

누워있다

attendre

기다리다

porter

운반하다

être assis

앉다

s'habiller

옷을 입다

dormir

자다

se réveiller

깨다

regarder

보다

pleurer

울다

caresser

쓰다듬다

peigner

빗다

parler

말하다

comprendre

이해하다

demander

묻다

écouter

듣다

boire

마시다

manger

먹다

ranger

정리하다

aimer

사랑하다

cuire

요리하다

conduire

주행하다

voler

날다

faire de la voile

해항 하다

calculer

계산 하다

lire

읽다

apprendre

배우다

travailler

일하다

se marier

결혼하다

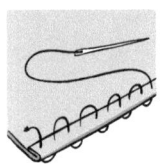

coudre

바느질하다

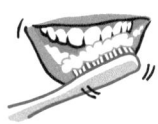

brosser les dents

이를 닦다

tuer

죽이다

fumer

담배 피우다

envoyer

보내다

grand-mère
할머니

grand-père
할아버지

père
아버지

mère
어머니

bébé
아기

fille
딸

fils
아들

hôte

손님

tante

이모 / 고모

oncle

삼촌

frère

형제

sœur

자매

corps
몸통

front
이마
œil
눈
épaule
어깨
doigt
손가락
visage
얼굴
menton
턱
main
손가락
jambe
다리
poitrine
가슴
bras
팔

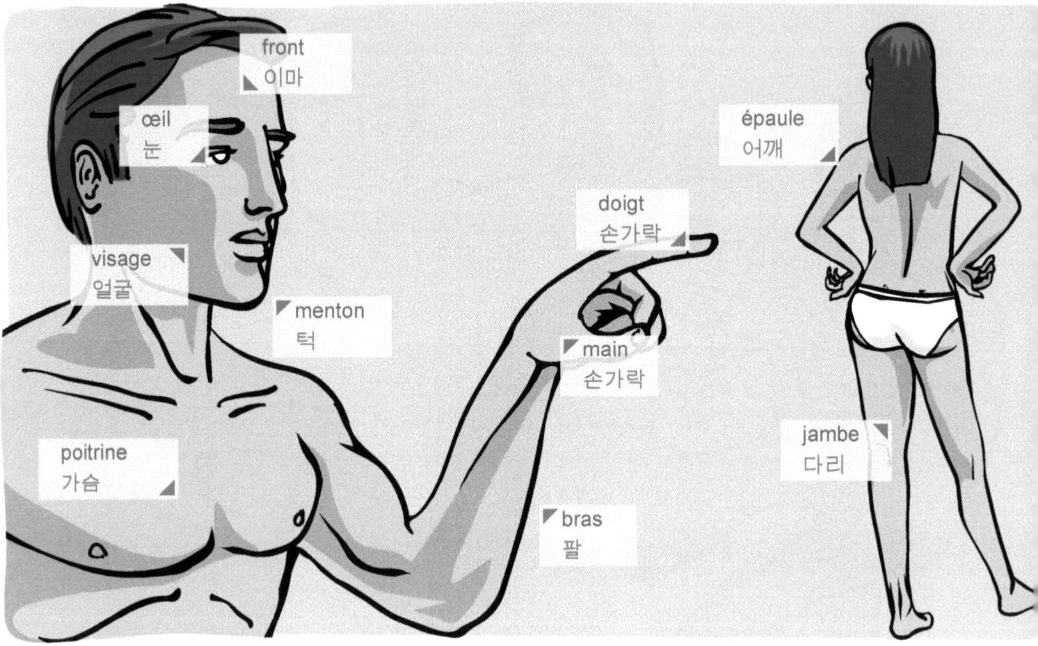

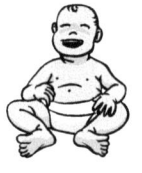

bébé
아기

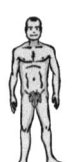

homme
남자

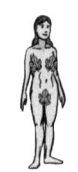

femme
여자

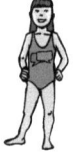

fille
소녀

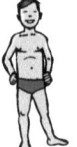

garçon
소년

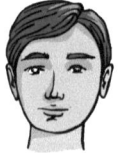

tête
머리카락

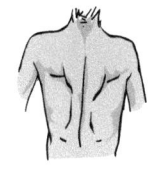

dos

등

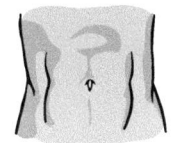

ventre

배

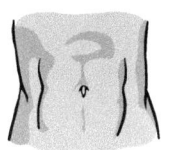

nombril

배꼽

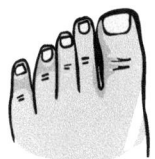

orteil

발가락

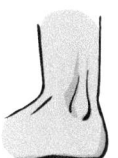

talon

발꿈치

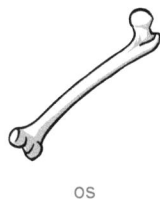

os

뼈

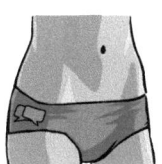

hanche

엉덩이

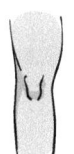

genou

무릎

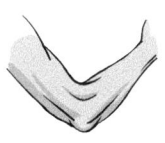

coude

팔꿈치

nez

코

fesses

둔부

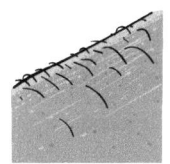

peau

피부

joue

뺨

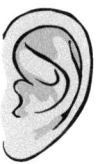

oreille

귀

lèvre

입술

bouche

입

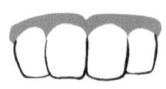

dent

치아

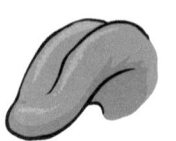

langue

혀

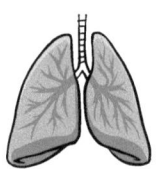

cerveau

뇌

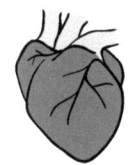

cœur

심장

muscle

근육

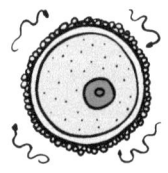

poumons

허파

foie

간

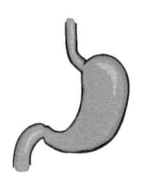

estomac

위

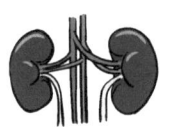

reins

신장

rapport sexuel

성교

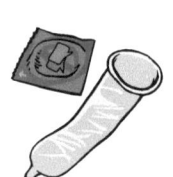

préservatif

콘돔

ovule

난자

sperme

정자

grossesse

임신

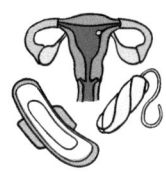

menstruation

월경

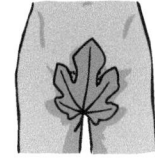

vagin

질

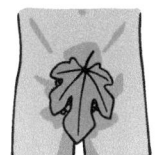

pénis

음경

sourcil

눈썹

cheveux

머리카락

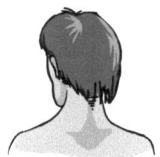

cou

목

hôpital
병원

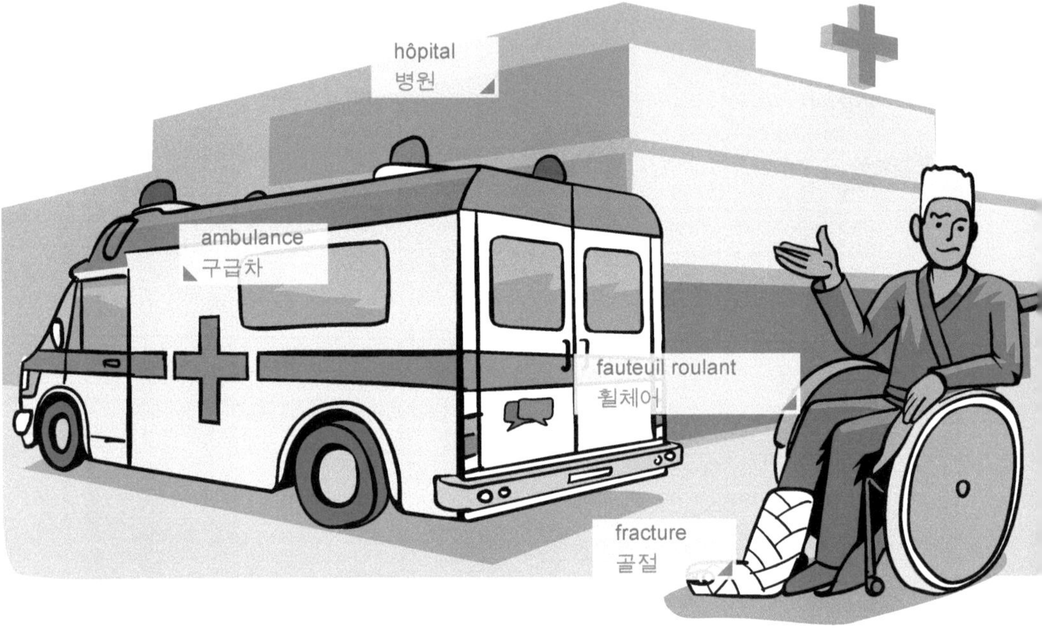

hôpital
병원
ambulance
구급차
fauteuil roulant
휠체어
fracture
골절

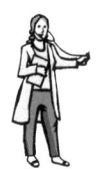

médecin

의사

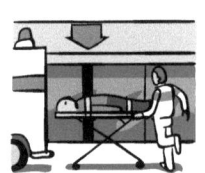

service des urgences

응급실

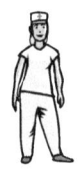

infirmière

간호사

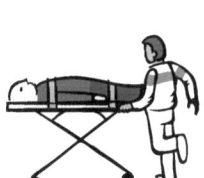

urgence

응급상황

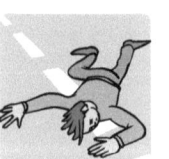

inconscient

혼수상태

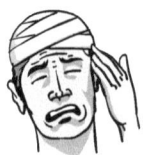

douleur

통증

blessure

부상

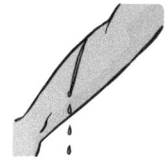

hémorragie

출혈

crise cardiaque

심장마비

attaque cérébrale

뇌졸중

allergie

알러지

toux

기침

fièvre

열

grippe

독감

diarrhée

설사

mal de tête

두통

cancer

암

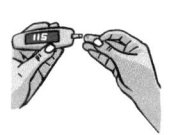

diabète

당뇨병

chirurgien

외과의

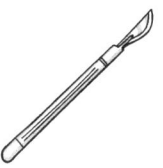

scalpel

수술용 메스

opération

수술

hôpital - 병원

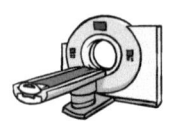

CT
....
CT

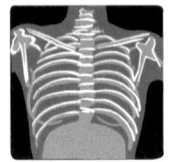

radiographie
....
엑스레이

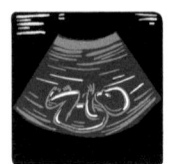

échographie
....
초음파

masque
....
마스크

maladie
....
질병

salle d'attente
....
대기실

béquille
....
목발

pansement
....
반창고

pansement
....
붕대

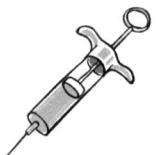

injection
....
주사

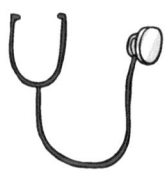

stéthoscope
....
청진기

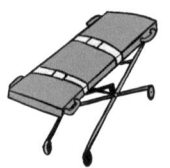

brancard
....
들것

thermomètre
....
체온계

accouchement
....
출생

surcharge pondérale
....
과체중

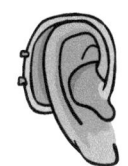

appareil auditif

보청기

désinfectant

소독약

infection

감염

virus

바이러스

VIH / sida

HIV / AIDS

médicament

의학

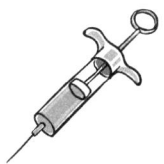

vaccination

예방접종

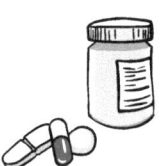

comprimés

알약

pilule

알약

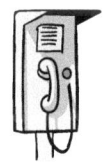

appel d'urgence

구급 전화

tensiomètre

혈압측정기

malade / sain

병든 / 건강한

Au secours !

도와주세요!

alarme

경보음

assaut

폭행

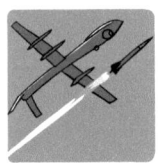

attaque

공격

danger

위험

sortie de secours

비상구

Au feu!

불이야!

extincteur

소화기

accident

사고

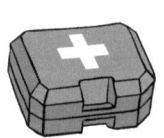

trousse de premier secours

구급 상자

SOS

SOS

police

경찰

Europe

유럽

Amérique du Nord

북미

Amérique du Sud

남미

Afrique

아프리카

Asie

아시아

Australie

호주

Océan atlantique

북극

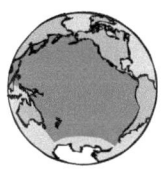

Océan pacifique

태평양

Océan indien

인도양

Océan antarctique

남극해

Océan arctique

북극해

pôle nord

북극해

pôle sud
························
남극해

Antarctique
························
남극

terre
························
지구

pays
························
육지

mer
························
바다

île
························
섬

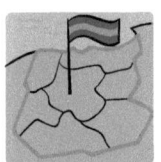

nation
························
국가

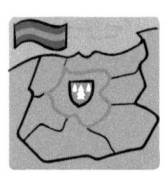

état
························
주

cadran

시계 문자판

aiguille des heures

시침

aiguille des minutes

분침

aiguille des secondes

초침

Quelle heure est-il ?

몇 시입니까?

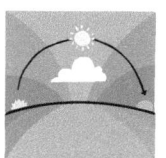

jour

일

temps

시간

maintenant

지금

montre digitale

디지털 시계

minute

분

heure

시간

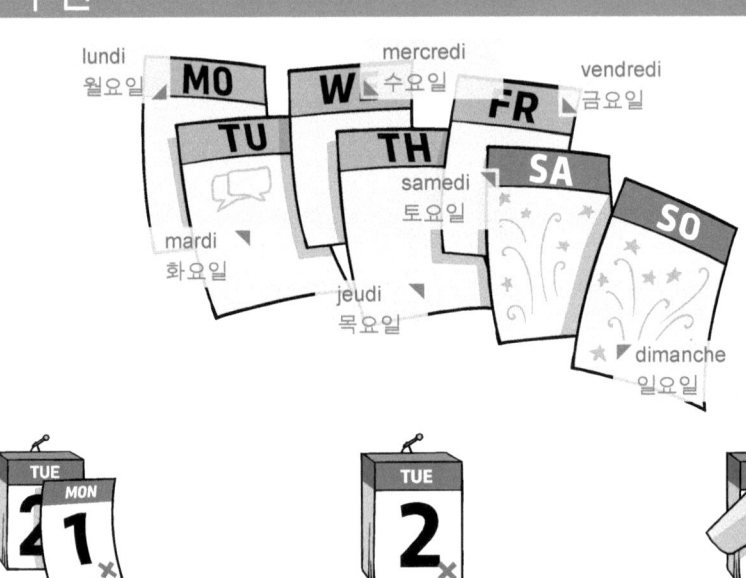

lundi
월요일

mercredi
수요일

vendredi
금요일

mardi
화요일

samedi
토요일

jeudi
목요일

dimanche
일요일

hier
어제

aujourd'hui
오늘

demain
내일

matin
아침

midi
정오

soir
저녁

jours ouvrables
근로일

week-end
주말

pluie
비

arc-en-ciel
무지개

vent
바람

neige
눈

printemps
봄

été
여름

automne
가을

hiver
겨울

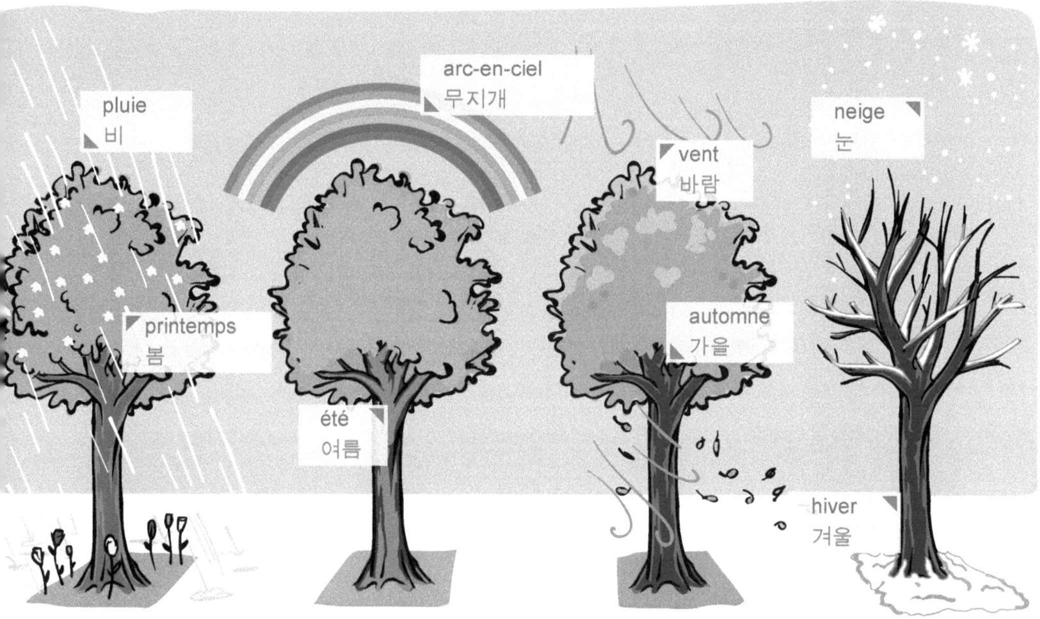

météo

날씨 예보

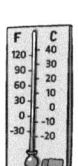

thermomètre

온도계

lumière du soleil

햇빛

nuage

구름

brouillard

안개

humidité

습도

foudre

번개

tonnerre

천둥

tempête

폭풍

grêle

우박

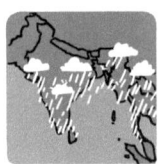

mousson

장마

inondation

홍수

glace

얼음

janvier

1월

février

2월

mars

3월

avril

4월

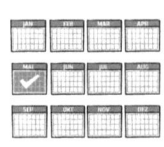

mai

5월

juin

6월

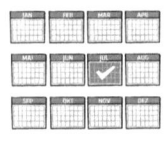

juillet

7월

août

8월

septembre

9월

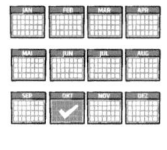

octobre

10월

novembre

11월

décembre

12월

formes

형태

cercle

원

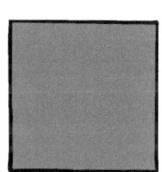

carré

정사각형

rectangle

직사각형

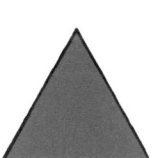

triangle

삼각형

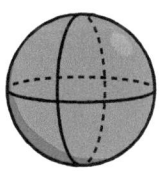

sphère

구

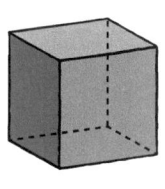

cube

정사면체

blanc

하양

jaune

노랑

orange

주황

rose

분홍

rouge

빨강

violet

보라

bleu

파랑

vert

초록

marron

갈색

gris

회색

noir

검정

beaucoup / peu

많은 / 적은

fâché / calme

화난 / 차분한

joli / laid

아름다운 / 추한

début / fin

시작 / 끝

grand / petit

큰 / 작은

clair / obscure

밝은 / 어두운

frère / soeur

형제 / 자매

propre / sale

깨끗한 / 더러운

complet / incomplet

완전한 / 불완전한

jour / nuit

낮 / 밤

mort / vivant

죽은 / 산

large / étroit

넓은 / 좁은

comestible / incomestible

삭용의 / 비식용의

méchant / gentil

불친절한 / 친절한

excité / ennuyé

흥분된 / 지루한

gros / mince

뚱뚱한 / 마른

premier / dernier

처음으로 / 마지막으로

ami / ennemi

친구 / 적

plein / vide

꽉 찬 / 텅 빈

dur / souple

딱딱한 / 부드러운

lourd / léger

무거운 / 가벼운

faim / soif

배고픔 / 목마름

malade / sain

병든 / 건강한

illégal / légal

불법 / 합법

intelligent / stupide

영리한 / 어리석은

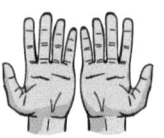

gauche / droite

왼 / 오른

proche / loin

가까운 / 먼

nouveau / usé

새 / 헌

rien / quelque chose

무 / 유

vieux / jeune

늙은 / 젊은

marche / arrêt

온 / 오프

ouvert / fermé

열린 / 닫힌

faible / fort

조용한 / 시끄러운

riche / pauvre

부유한 / 가난한

correct / incorrect

옳은 / 틀린

rugueux / lisse

거친 / 매끄러운

triste / heureux

슬픈 / 기쁜

court / long

짧은 / 긴

lent / rapide

느린 / 빠른

mouillé / sec

젖은 / 마른

chaud / froid

따뜻한 / 시원한

guerre / paix

전쟁 / 평화

0

zéro

영

1

un / une

하나

2

deux

둘

3

trois

셋

4

quatre

넷

5

cinq

다섯

6

six

여섯

7

sept

일곱

8

huit

여덟

9

neuf

아홉

10

dix

열

11

onze

열하나

12

douze

열둘

13

treize

열셋

14

quatorze

열넷

15

quinze

열다섯

16

seize

열여섯

17

dix-sept

열일곱

18

dix-huit

열여덟

19

dix-neuf

열아홉

20

vingt

스물

100

cent

백

1.000

mille

천

1.000.000

million

백만

langues
언어

anglais

영어

anglais américain

미국식 영어

chinois mandarin

중국어 만다린

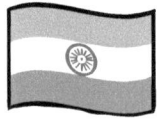

hindi

힌두어

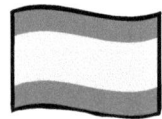

espagnol

스페인어

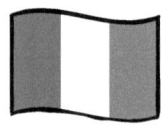

français

프랑스어

arabe

아랍어

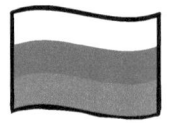

russe

러시아어

portugais

포르투갈어

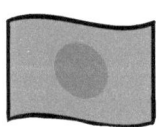

bengali

불가리아어

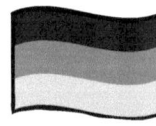

allemand

독일어

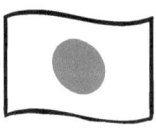

japonais

일본어

je

나

tu

너

il / elle / ce, c', cela

그 / 그녀/ 그것

nous

우리

vous

너희들

ils / elles

그들

Qui ?

누가?

Quoi ?

무엇이?

Comment ?

어떻게?

Où ?

어디서?

Quand ?

언제?

nom

이름

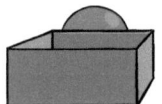

derrière

뒤에

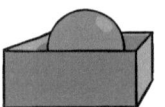

dans

안에

devant

앞에

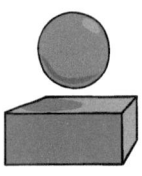

au-dessus

위에

sur

위에

en-dessous

아래에

à côté de

옆에

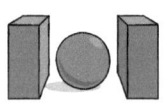

entre

사이에

lieu

장소